AF209474

Damodar Paralkar
(Raja)

Remember this!
Vergiss dies nicht!

Damodar Paralkar
(Raja)

Remember This!

Vergiss dies nicht!

Gedichte über berührende Momente im Leben
Poems about touching moments in life

Bibliographische Informationen der Deutschen Nationalbibliothek:----
Die Deutsche Nationalbibliothek verzeichnet diese Publikation in der Deutschen Nationalbibliografie, detaillierte bibliographische Daten sind im Internet über dnb.d-nb.de abrufbar

ISBN 9783758316838

Herstellung und Verlag:
BoD – Books on Demand, Norderstedt

Umschlag:
Dilip Shiwalkar, Mumbai und Robin Paralkar, München

Illustrationen im Buch:
Dilip Shiwalkar und Vinay Chandorkar, Mumbai

Lektorat:
Detlef Korber, München

Für meine Söhne

Anil

und

Robin

Vergiss dies nicht!

Wie oft vergisst man zu sagen:
"wann habe ich Dir, das letzte Mal gesagt,
 Ich liebe Dich?"

Damit ich nicht vergesse,
habe ich mir selbst einen Brief geschrieben::
Vergiss dies nicht!
"Eines Tages tratst Du in mein Leben,
mir ist etwas Wunderbares passiert.
Ich liebe Dich."

Remember this!

How often do you forget to say
"When was the last time I told you
 I love you?"

So that I don't forget,
I wrote myself a letter:
Remember this!
"One day you came into my life,
Something wonderful happened to me.
I love you."

John Keats - Zitat / Quote

"Fast wünschte ich mir, wir wären Schmetterlinge
und lebten nur drei Sommertage lang.
Drei solche Tage mit dir
könnte ich mit mehr Entzücken füllen,
als fünfzig gewöhnliche Jahre
jemals fassen könnten."

"I almost wish we were butterflies and liv'd but three
summer days - three such days with you I could fill with
more delight than fifty common years could ever
contain."

John Keats (31. Oktober 1796 – 23 Februar 1821) war
der größte Romantiker des Mittelalters

John Keats (October 31, 1796 – February 23, 1821) was
the greatest romantic of the middle Ages

Inhalte

Vergiss dies nicht

Brief, der nie ankam!

Ich schrieb einen Brief,
  den ich Dir nie gab.
Wir waren glücklich
  "Eines Tages tratst du in mein Leben
  mir ist etwas Wunderbares passiert.
  Ich liebe Dich".
Das war der Brief,
  den ich Dir nie gab.

Heute sind wir getrennt.
  "Was für ein Idiot ich war".
Der Brief, den ich Dir nie gab,
  lese ich immer wieder und sage mir:
  "Remember This:
  "Eines Tages trat sie in mein Leben,
  mir ist etwas Wunderbares passiert.
  Ich liebe sie".

Augsburg am 24.03.2023

Remember this

Letter that never arrived!

I wrote a letter,
  that I never gave you
we were happy.
  "One day you came into my life
  something wonderful happened to me.
  I love you".
That was the letter
  that I never gave you.

Today we are separated
  "What an idiot I was".
The letter I never gave you
  I keep on reading and I say to myself:
  "Remember This:
  "One day she came into my life
  something wonderful happened to me.
  I love her".

Augsburg on March 24, 2023

Meine Phantasien

Hast Du etwas Zeit für mich
  in fünf Milliarden Jahren?
Ich möchte mit Dir
  den Zehn-Milliardsten Geburtstag
  der Sonne feiern.

In fünf Milliarden Jahren
  erlischt die Sonne
Ich möchte mit Dir
  der Sonne Beistand leisten,
  damit sie nicht allein stirbt.

In fünf Milliarden Jahren
  wird sie sich in einen aufgeblasenen
  Roten-Riesen verwandeln,
  den Merkur und Venus verschlingen
  und die Erde verbrennen.

In spätestens sieben Milliarden Jahren
  wird es kein Leben mehr
  auf dem Planeten Erde geben
Ich möchte mit Dir in fünf Milliarden Jahren
  die Sonne etwas beruhigen.

In Memoiren von Prof. Dr. Hans-Peter Dürr, Physiker
und Alternativer Nobel Preis Träger.

Augsburg, am 29.02.2024 um 18:30 Uhr.

My fantasies

Do you have some time for me
  in five billion years?
I want together with you
  celebrate the
  ten billionth birthday of sun.

In five billion years
  the sun will extinguish.
I want together with you
  help the sun,
  so that she doesn't die lonesome.

In five billion years
  she will turn into an inflated one
  transform into red giant,
  will devour Mercury and Venus
  and burn off the earth.

In minimum of seven billion years
  there will be no more life
  on the planet Earth.
I want together with you in five billion years
  calm down the sun a bit.

In Memoirs of Prof. Dr. Hans-Peter Dürr, physicist and
Right Livelihood Award Winner.

Augsburg, on February 29, 2024 at 6:30 p.m.

Halt die Unendlichkeit

Wenn ein Sandkörnchen
  die Sandwüste zusammenhalten kann.

Wenn ein Regen-Tröpfchen
  die Ozeane durcheinander wühlen kann.

Wenn ein Funken
  Blitz, Donner, Tornados machen kann.

Dann halte bitte
  die Unendlichkeit
  in Deinen Händen,
  denn meine Liebe zu Dir
  ist unendlich.
Ja, so sehr unendlich.

Augsburg, am 04. Julie 2021 um 18:15

Hold onto the infinity

When a small grain of sand
 can hold together the sand-deserts.

When a small rain drop
 can shake through the oceans.

When a small sparkle
 can make lightning, thunders and tornados.

Then hold the
 Infinity in your hands
 for my love is infinite.
Yes very infinite.

Augsburg on 4th of July 2021 at 18:30 p.m.

Tagesträume

Ich träumte von einem Magier,
  der ein Wunder verbringt.

Ich träumte von einer Fee,
  die mich in den Schlaf wiegt.

Ich träumte von einem Engel,
  der mich beschützt.

Ich träumte einfach von Dir.
  Ich bin nun müde, sehr müde.

Augsburg am 06.12.2022 um 13:30

Daydreams

I dreamed of a magician
  who performs a miracle.

I dreamed of a fairy
  that rocks me to sleep.

I dreamed of an angel
  who protects me.

I dreamed just of you.
  I am tired now, very tired.

Augsburg on December 6th, 2022 at 1:30 p.m.

Liebe im Spiegel der Natur

Der Wind
  ich beneide ihn so sehr,
  wenn er sanft Dein Haar streichelt.

Das Ahronblatt
  ich beneide es so sehr,
  wenn er beim Fallen dein Gesicht berührt.

Die Jasminblüten
  ich beneide sie so sehr,
  wenn Du damit Dein Haar schmückst.

Der Regen
  ich beneide ihn so sehr,
  wenn er Deine Lippen befeuchtet.

Die Sternen
  ich beneide sie so sehr,
  wenn sie Deine Augen zum Leuchten bringen.

Ich
  ich beneide mich so sehr,
  weil Du mich so liebst.

Mumbai am 14.08.2023, um 14:30 Uhr.

Love reflected in nature

The wind
  I envy him so much
  when he gently strokes your hair.

The maple leaf
  I envy it so much
  when it touches your face as he falls.

The jasmine flowers
  I envy them so much
  when you decorate your hair with it.

The rain
  I envy it so much
  when it moistures your lips.

The stars
  I envy them so much
  when they make your eyes shine.

I
  I envy myself so much
  because you love me so much.

Mumbai on 14.08.2023, at 2:30 p.m.

Im Traum

Gestern im Traum sah ich einen Freund,
  der mir in meiner Not sein letztes Hemd gab.

Gestern im Traum sah ich eine Frau,
  die machte mir die Nacht zum Tag.

Gestern im Traum sah ich einen Winzling,
  der mein Herz mit seinem Lächeln erblühen ließ.

Heute im Traum sehe ich
  alle meine Träume wurden wahr.

Anmerkung
Mein Dank und Respekt an
  Dilip
  Hans
  Detlef
  Dominic und
  Alex

München am 10.01.2023 um 06:00 Uhr.

Daydreams

Yesterday in a dream I saw a friend
  who gave me his last shirt in my need
Yesterday in a dream I saw a woman
  she turned night into day for me
Yesterday in a dream I saw a tiny
  who made my heart bloom with his smiles.

Today in a dream I see
  all my dreams came true.

Annotation
My thanks and respect to
  Dilip
  Hans
  Detlef
  Dominic and
  Alex

Munich on 10/01/2023 at 6:30 a.m.

... und das Leben lebte wieder

Sie saß da,
  und schaute in den Himmel:
  die Erde bewegte sich nicht mehr,
  die Ozeane bebten nicht mehr,
  die Sterne leuchteten nicht mehr.
Das Leben verschwand.

Sie weinte und weinte,
  eine Träne auf dem Gestein.
  Wasser, Wasser,
  das Elixier des Lebens
  erweckte das Leben,
  belebte ein kleines Pflanzen
  der Liebe.

Die Erde bewegte sich wieder:
  Alles lebte wieder
"Wo Liebe ist auch das Leben" -
  sagte Mahatma Gandhi.

Überarbeitet am 29.12.2022, um 18:00 Uhr

... and life lived again

She sat there,
  and looked at the sky:
  the earth stopped moving,
  the oceans no longer trembled,
  the stars no longer shone.
 Life disappeared.

She cried and cried,
  a tear on the rock.
  Water water,
  the elixir of life
  brought to life,
  revived a small plant
  of the love.

The earth moved again:
  Everything was alive again
"Where there is love there is life" -
  said Mahatma Gandhi.

Revised on December 29, 2022, at 6:00 p.m.

Exakt die gleichen Worte

Du schriebst in Sand
  Ich schrieb aufs Wasser.

Du schriebst in Wolken
  Ich schrieb in Wind.

Du schnitzte in Baum
  Ich schrieb auf fallende Blättern.

Sehr, sehr gleiche Worte:
  "I love thee".

Augsburg am 26.06.2023 um 21:00 Uhr

Exactly very same words

You wrote in sand
  I wrote in waters.

You wrote in clouds
  I wrote in winds.

You carved in tree
  I wrote on falling leaves.

Very, very same words:
  "I love thee".

Augsburg on 26th of June 2023 at 9:00 p.m.

Bitte sprich ruhig weiter

Mein Verstand sagt:
  "sei ruhig, Du redest viel,
    auch Worte können erdrücken".

Mein Geist sagt:
  "das sind nur Worte,
    was mögen sie denn überhaupt bedeuten?"

Mein Herz sagt:
  "schütte Dein Herz aus,
    lasse die Worte frei sein".

Meine Seele sagt:
  "alles hat ein Ende,
    wenn es Dich nicht mehr gibt".

Du sagst:
  "ich liebe Dich so sehr,
    ich höre Dir so gerne zu".

Bitte sprich ruhig weiter,
Dich kann man sowieso nicht bändigen.

Überabeitet in Augsburg, am 14.02.2024 um 22:00 Uhr

Please go on and speak further

My mind says:
  "Be quiet, you talk a lot,
   even words can be overwhelming".

My spirit says:
  "They are just words,
   what do they even mean?"

My heart says:
  "Pour out your heart,
   Let the words be free".

My soul says:
  "Everything has an end,
   When you no longer exist".

You say:
  "I love you so much,
   I love listening to you".

Please go on and speak further
you can't be tamed anyway.

Revised in Augsburg, on February 14, 2024 at 10:00 p.m.

Unmögliche Liebe

Als kleiner Bub verleibte ich mich
  in meine Lehrerin
Oh Gott war ich total aufgeregt
  bekam weiche Knien
Oh Gott, vielleicht hole ich mir
  einen Verweis
Aber das war unglaublich toll.

Mögen oder lieben
  macht keinen Unterschied
Das ist toll-
  ein schönes Gefühl
Auch wenn es eine
  "unmögliche Liebe" ist,
  die erste Liebe, auch unmögliche Liebe
  vergisst man nie

Deshalb bin ich heute Lehrer geworden.

Augsburg am 09.07.2023 um 11:00 Uhr

Impossible Love

As a little boy I fell in love
  into my teacher
Oh god I was so excited
  got weak knees
Oh god, maybe I'll get
  a punishment
But that was incredibly great.

Like or love
  does not make a difference
That's great-
  a nice feeling
Even if it is a
  "impossible love",
  the first love, also impossible love
  you never forget

That's why I became a teacher today.

Augsburg on 07/09/2023 at 11:00 a.m.

Unschuldige Liebe

Wenn ein kleines Schulmädchen,
sich in ihren Lehrer verliebt,
das ist traumhaft,
das ist "unschuldige Liebe".

Wenn ein kleiner Schuljunge,
sich in seine Lehrerin verliebt,
das ist traumhaft,
das ist "unschuldige Liebe".

Das ist nichts Verbotenes,
wenn eine Schülerin sich
von ihrem Lehrer hingezogen fühlt.
Das ist traumhaft.

Das ist nichts Verbotenes,
wenn ein Schüler sich
von seiner Lehrerin hingezogen fühlt.
Das ist traumhaft.

Du hast Deine „ewige Liebe" gefunden,
hast aber Dich niemals in Deinen Lehrer verliebt,
hast aber Dich niemals in Deine Lehrerin verliebt,
dann weißt Du nicht, was "göttliche Liebe" ist.

„Unschuldige Liebe" ist von kurzer Dauer.
Dafür würde ich alles geben,
und mich in meine Lehrerin wieder verlieben.
Das ist "göttliche Liebe".

Augsburg, am 29.02.2024 um 18:30 Uhr.

Innocent Love

When a little schoolgirl,
falls in love with her teacher,
that's fantastic,
this is "innocent love."

When a little schoolboy,
falls in love with his teacher,
that's fantastic,
this is "innocent love."

This is nothing forbidden,
when a schoolgirl
feels attracted to her teacher.
This is fantastic.

This is nothing forbidden,
when a schoolboy
feels attracted to his teacher.
This is fantastic.

You have found your "eternal love"
but you never fell in love with your teacher,
you never fell in love with your teacher,
then you don't know what "divine love" is.

"Innocent Love" is short-lived.
I would give anything for that,
and fall in love with my teacher again.
This is "divine love."

Augsburg, on February 29, 2024 at 6:30 p.m.

Wo die Träume wohnen

Irgendwo im Kinderwagen ein Winzling
  trampelt und trampelt
  herzhaft lacht und lacht.
  So viel Freude!
  Da wohnen die Träume
Lasst uns diese Träume einfangen!

Ein Brautpaar in Indien
  schreitet um das heilige Feuer,
  Sieben Schritte,
  Verlässliche Zukunft
  dort werden die Träume geboren.
Lasst uns diese Träume einfangen!

In Deutschland ein älteres Paar
  Hochbetagt.
  Sie streichelt sein Haar,
  Zuversicht, Zufriedenheit!
  Dort werden die Träume gestärkt
Lasst uns diese Träume einfangen!

Über sieben Kontinente hinweg,
  Lasst uns diese Träume wehen
  der Wind, der Fluss,
  Machen wir die Welt;
  Lebenswert und liebenswert.
Lasst uns der Welt Hoffnung geben!

Übersetzt von Detlef aus dem Englischen.
Augsburg, am 19.08.2023 um 5:30 Uhr.

Where dreams dwell

Somewhere in the stroller a tiny
  Tramples and tramples
  heartily laughs and laughs
  So much joy
  that's where dreams dwell.
Let us catch these dreams!

A bridal couple in India
  Walks around the sacred fire
  Seven Steps
  Reliable future
  that's where the dreams are born.
Let us catch these dreams!

In Germany an older couple
  High age
  she strokes his hair
  Confidence, satisfaction
  that's where the dreams are strengthened.
Let us catch these dreams!

Across the seven continents
  Let us blow these dreams
  the wind, the river
  make then the world
  liveable and lovable.
Let us give hope to the world!

Augsburg, on 08/19/2023 at 5:30 a.m.

Sternschnuppennacht

Heut ist wieder so eine
Sternschnuppennacht.

Schnapp Dir Deine Decke
und Deinen Wunschzettel
komm mit mir auf Sternschnuppen-Jagd.

Alle Deine Wünsche gehen in Erfüllung.
Vielleicht bist auch Du auch sehr begeistert,
und verliebst Du Dich dann in mich.

Augsburg on 15. August 2021 um 22:30

Shooting star night

Today is another one
such a shooting meteor night.

Grab your blanket
and your wish list
come with me on a shooting star hunt.

All your wishes will come true.
Maybe you are also then very enthusiastic
and fall in love with me.

Augsburg on 15/08/2021 at 01:30 a.m.

Komm mit mir

Komm Schatz,
  gib mir deine Hand
  und komm mit mir.

Lass uns heute
  alle neun Planeten besuchen
  Erde – die magische Braut
 Mond – der stolze Bräutigam
  Jupiter – der heilige Priester.
  Du und Ich
  wir sind Trauzeugen.

Komm Schatz,
  gib mir deine Hand
  und komm mit mir.

Lass uns heute
  alle Sterne am Himmel besuchen
  Ein neues Sternenbaby ist geboren
  Erde – die liebende Mutter
  Mond – der stolze Vater.
  Du und Ich
  wir sind Paten.

Komm Schatz,
  gib mir deine Hand
  und komm mit mir.

Lass uns heute
  alle unsere Freunde besuchen
  Erde - die Braut warf den Blumenstrauß
  Du hast den Brautstrauß gefangen.
  Lass uns unsere Verlobung bekanntgeben
  Du und Ich
  wir sind jetzt ein Paar.

Augsburg, am 03.03.2024 um 16 Uhr.

Come with me

Come dear,
  give me your hand
  and come with me.

Let's today
  visit all nine planets
  Earth - the magical bride
  Moon - the proud groom
  Jupiter - the holy priest
  you and me
  we are best-man.

Come dear,
  give me your hand
  and come with me.

Let's today
  visit all stars in the sky
  a new star baby is born
  Earth - the loving mother
  Moon - the proud father
  you and me
  we are god-father.

Come dear,
  give me your hand
  and come with me.

Let's today
   visit all of our friends
   Earth - the bride threw the bouquet
   you - caught the bride bouquet
   let's announce our engagement
   you and me
   we are now a couple.

Augsburg, am 03.03.2024 um 4 p.m.

Sehnsucht

Irgend etwas ruft mich
"Komm nach Hause, Komm nach Hause".
Irgendwer sag mir
"Geh nach Hause, Geh nach Hause".

Wer ist das, wer ist das?
Ist das meine Mutter, ist das mein Bruder?
Ist das mein Freund, oder bist du es?
Niemand da, auch du nicht.

Aber irgend etwas ruft mich
"Komm nach Hause, Komm nach Hause".
Irgendwer sag mir
"Geh nach Hause, Geh nach Hause".

Muss noch meilenweit gehen.
Ich muss weiter und weiter.
Beruhigender Fluss, sanfter Wind
tragen mich daheim..

Jetzt weiß ich, wer mich ruft,
ich bin es, der mich ruft
"Komm nach Hause,
 Komm nach Hause".
"Geh nach Hause, Geh nach Hause".

Und ich muss gehen.

Augsburg, am 13. Januar 2023 um 19:00 Uhr

Longing

Something is calling me
"Come Home, Come Home"
Someone is telling me
"Go Home, Go Home".

Who is it, who is it?
Is it my mother, is it my brother?
Is it my friend or is it you?
Nobody there, not even you.

But something is calling me
"Come Home, Come Home"
Someone is telling me
"Go Home, Go Home".

Still have miles to go
I have to go on and on
Calming River, gentle wind
Carry me there.

Now I know who is calling me
it's me who is calling me
"Come Home, Come Home"
"Go Home, Go Home".

And I have got to go.

Augsburg, January 13, 2023 at 7:00 p.m.

Der vertrocknete alte Baum

Der vertrocknete alte Baum
ganz einsam und allein
meditierte vor sich hin.

Der elektrisch aufgeladene Blitz
in Donner und Gewitter
tanzte vor sich hin.

Verknallte sich in ihn
eine einzige Umarmung
sah er Engel im Chor singen.

Liebe, die Liebe
  hat ihn vernichtet,
  hat ihn erlöscht.

Damodar Paralkar, München am 07.08.2023

The dried up old tree

The dried up old tree
all lonely alone
meditating to himself.

The electrified lightning
in thunder and storm
dancing to himself.

Crushed on him
a single hug and
he saw angels singing in the choir.

Love, the love
  has destroyed him
  has extinguished him.

Damodar Paralkar, Munich on 08/07/2023

Vernichte mich, und ich werde frei sein

Wie ein Orkan
  mit starken Winden und Regen
  wirbele mich wie ein Ahron-Blatt
  ganz zahm ohne zu zerquetschen.

Wie ein jünger, blauer Blitz
  Wolke-Wolke-Blitz
  flash mir meine Augen
  ganz zahm ohne zu verblenden.

Wie ein tosender Fluss
  mit rasenden Gewässer
  trag mich wie Zweig bis zum Meer
  ganz zahm ohne mit der Welle zu zermahlen.

Wie ein loderndes Feuer
  mit tausenden Funken
  erleuchte mein Herz
  ganz zahm ohne zu verbrennen.

Komm, komm endlich
  vernichte mich,
  und ich werde frei sein.

Augsburg am 26.06.2022 um 19:30 Uhr

Destroy me and I will be free

Like a hurricane
  with strong winds and rain
  twirl me like a maple leaf
  quite tame without crushing.

Like a younger blue flash
  Cloud Cloud and Lightning
  flash my eyes
  very tame without blinding.

Like a raging river
  with raging waters
  carry me like a branch to the sea
  quite tame without crushing with the wave.

Like a blazing fire
  with thousands of sparks
  illuminate my heart
  very tame without burning.

Come on, come on
  destroy me
  and I will be free.

Augsburg on June 26, 2022 at 7:30 p.m.

Afrika, Afrika

Afrika, Afrika
Wiege der Menschheit
Ursprung der Menschen (Homo sapiens)
zweitgrößte Erdteil
reich an Bodenschätzen.

Afrika, Afrika
ein gescheiterter Kontinent
bettelarm trotz Bodenschätzen
Korruption, Machtkämpfe
militärische Machübernahmen
Boku Haram Terror
Ruanda Völkermord.

Afrika, Afrika
Mehr scheitern kann man kaum
Unzählige hilflose Menschen,
die selbst vor potentiellen Gefahren
für Leib und Leben nicht schützen können.

Afrika, Afrika
auch meine Hilflosigkeit, auch unzähliger Menschen
bringt mich zu weinen
Verzeihe mir...

Augsburg am 03.08.2023 um 18:00 Uhr

Africa, Africa

Africa, Africa
cradle of humanity
Origin of humans (Homo sapiens)
second largest continent
rich in mineral resources.

Africa, Africa
a failed continent
desperately poor despite natural resources
Corruption, power struggles
military takeovers
Boku Haram terror
Rwanda Genocide.

Africa, Africa
can hardly fail more
countless helpless people
cannot protect themselves from potential dangers
for body and life.

Africa, Africa
my helplessness, also of countless people
makes me cry
Forgive me...

Augsburg on August 3rd, 2023 at 6 p.m.

Im Fernsehen

Im Fernsehen
  hast Du gesehen,
  wie ein Tiger ein Reh-Baby jagt und tötet
Im Fernsehen
  hast Du gesehen,
  wie ein Krokodil ein Gnu-Baby tötet und frißt
Im Fernsehen
  hast Du gesehen,
  wie ein Löwe ein Giraffenbaby jagt und tötet
Du hast geweint und sagtest:
  armes Reh-Baby, armes Gnu-Baby, armes
Giraffenbaby!
  Das tat Dir weh.

Im Fernsehen
  siehst Du jeden Tag
  wie viele Menschenbabys getötet werden
Im Fernsehen
  siehst Du jeden Tag
  wie viele Mädchen lebendig vergraben werden
Im Fernsehen
  siehst Du jeden Tag
  wie viele Kindersoldaten geopfert werden
Du weinst nicht, sagst einfach:
  Gott sei Dank nicht meine Kinder
  Gott beschütze sie.

Augsburg am 07.07.2023 um 20:00 Uhr

On TV

On TV you have seen
  tiger chasing and killing a baby deer
On TV you have seen
  crocodile killing and eating a baby gnu
On TV you have seen
  lion hunting and killing a baby giraffe
You cried and said:
  poor baby deer, poor baby gnu, and poor baby giraffe!
  That hurt you.

On TV you see every day
  how many human babies are killed
On TV you see every day
  how many girls are buried alive
On TV you see every day
  how many child soldiers are sacrificed
you don't cry, but just say:
  Thank god not my kids
  God bless them.

> Tyger Tyger burning bright,
> Did he smile his work to
> see?
> Did he who made the Lamb
> make thee?
> - William Blake

Augsburg on July 7th, 2023 at 8:00 p.m.

Sinn des Lebens

Unser aktuelles Verhalten löst bei mir Gefühle aus:
  Das Universum ist irrational und bedeutungslos
  der Versuch, darin einen Sinn zu finden
  führt zu Konflikten mit der Welt
Ich schließe daraus
  unser Leben ist bedeutungslos.

Die Welt heute fühle ich
  ist bedeutungslos
  es ist eine Isolation des Einzelnen
  führt zu einer Abwertung unsers Lebens
Ich schließe daraus
  im Leben fehlen jegliche vernünftige Handlungen.

„Was ist der Sinn unseres Lebens?"
  Gibt es einen Zweck?
  Es liegt an jedem Einzelnen
  seinen eigenen Zweck zu finden und zu erfüllen
Ich schließe daraus
  es ist unser eigener freier Wille und unser Handeln.

Ich bitte Euch
  wacht auf, wacht auf, Ihr Menschen
  gebt dem Leben wieder einen Sinn
  gebt der Welt wieder einen Sinn
  gebt dem Universum wieder eine Bedeutung
  durch Euren eigenen freien Willen und Handlungen.

München am 16. Oktober 2023 um 13:30 Uhr

Meaning of life

Our current behaviour triggers feelings in me:
  The universe is irrational and meaningless
  trying to find meaning in it
  leads to conflict with the world
I conclude from this
  our lives are meaningless.

I feel the world today
  is meaningless
  it is an isolation of the individual
  leads to a devaluation of our lives
I conclude from this
  Life is the absence of any rational action.

"What is the meaning of our lives?"
  Is there a purpose?
  It's up to each individual
  to find and fulfil your own purpose
I conclude from this
  It is our own free will and our actions.

I beg you
  wake up, wake up, you people
  give life meaning again
  give the world meaning again
  give meaning to the universe again
  through your own free will and actions.

Munich on October 16, 2023 at 1:30 p.m.

Mach einen "Reset to Zero"

Aliens sind nicht ausserirdisch
Aliens sind unter uns
Aliens, das sind wir selbst
Aliens sind nicht ausserirdisch.

Aliens zumüllen unser Gehirn voll
Electronic Müll, Fake News,
Aber auch Good News
Was ist richtig, was ist falsch
Alles macht uns unsicher
Aliens zumüllen unser Gehirn voll.

Aliens manipulieren uns
Kriegsähnlicher Zustand
Jeder gegen jeden
Aliens machen uns Angst
Aliens manipulieren uns
Aliens zerstören uns.

Mach einen Memory Reset
Mach einen "Reset to Zero"
Am besten einen "Reset to Minus Zero"
Reset ist nicht Stillstand
Reset ist nicht der Tod
Reset ist Neustart.

Mach einen "Reset to Zero"
Mach einen Neustart
Fühle den Geburtsschmerz erneut
Beginne alles von Anfang an
Mach einen Reset
Drück endlich den Reset-Knopf.

Mumbai am 04.08.2023 um 21:00 Uhr

Do a reset to zero

Aliens are not extra-terrestrial
Aliens are among us
Aliens are ourselves
Aliens are not extra-terrestrial.

Aliens fill our brains with garbage
Electronic garbage, fake news,
But also good news
What is right, what is wrong?
Everything makes us insecure
Aliens fill our brains with garbage.

Aliens manipulate us
War-like condition
everyone against everyone
Aliens scare us
Aliens manipulate us
Aliens are destroying us.

Do a reset to the memory
Do a reset to zero
Preferably a "Reset to Minus Zero"
Reset is not standstill
Reset is not death
Reset is a restart.
Do a reset to zero.

Do a reboot
feel the pain of rebirth again
start everything from the beginning.

Do a reset,
hit the reset button now.

Mumbai on August 4, 2023 at 9:30 p.m.

Ein indisches Märchen

Einem Tag altes Baby
  sprach meine Mutter
  bis zum fünften Tag
  haben Babys keinen Namen
  ich nenne dich einfach
  Anand, die "Freude".

Einem Tag altes Baby
  sprach eine Fee
  bis zum fünften Tag
  haben Babys kein Schicksal
  Am fünften Tag
  schreibe ich dein Schicksal.

Heut bin ich
  der glücklichste Mensch
  hab viel Freude an mein Schicksal.

Es ist ein imaginärer Dialog zwischen der Mutter und
dem neugeborenen Baby, der sie sehr glücklich macht –
Anandi Anand. Basierend auf "Infant Joy" von William
Blake.

Augsburg, am 09.08.2023

An Indian fairy tale

One day old baby
  said my mother
  until the fifth day
  Babies don't have names
  I simply call you
  Anand the "Joy".

One day old baby
  Said a fairy
  Until the fifth day
  Babies have no destiny
  On the fifth day
  I write your destiny.

Today I am
  the happiest person
  very joyful with my destiny.

It's an imaginary Dialog between the mother and newly
born baby that makes her very happy - Anandi Anand.
Based on "Infant Joy" by William Blake.

Augsburg, on 08/09/2023

Ostergrüße

Ich fand am Ostersonntag
zwei bunte Ostereier.

Eins gab ich meiner Schwester
Eins gab ich meinem Bruder
Ich hatte keins mehr
Es ist so lange her.

Gehe in den Garten
Findest Du ein Osterei
Schenk mir bitte halbes davon,
denn Ostern ist Hoffnung pur.

Alles, alles Liebe zu Ostern!

Augsburg, Oster 2022

Easter greetings

I found on Easter Sunday
two colourful Easter eggs.

I gave one to my sister
I gave one to my brother
I didn't have any more
It was so long ago.

Go to the garden
when you find an Easter egg
Please give half of it to me
'cause Easter is a pure hope.

Happy Easter!

Augsburg, Easter 2022

Zauberkugel zu Weihnachten

Bitte schenke mir eine Zauberkugel
zu Weihnachten

Zauberkugel,
  das ist mein Sämling
  ändert sich ihre Farben
  rot im Winter
  gelb im Sommer
  ansonsten weiß
Bitte schenk mir eine Zauberkugel.
zu Weihnachten.

Zauberkugel,
  berührt die Herzen,
  dass das Gute überwiegt
  wir alle werden Menschen
  dass das Gute überwiegt
  dass die Ängste verschwinden
Bitte schenk mir eine Zauberkugel
zu Weihnachten.

Augsburg am Heiligabend 2022

Zauberkugel,
  Meine Liebe zu Dir ist unendlich groß
  wie ein Sandkörnchen in der Wüste
   wie ein Regentropfen im Regen
   wie ein Funken im Feuer
   Ich halte die Zauberkugel
   in meinen beiden Händen fest
Bitte schenk mir eine Zauberkugel
zu Weihnachten.

Augsburg am Heiligabend 2022

Magic ball for Christmas

Please give me a magic ball
for Christmas.

Magic ball,
  this is my seedling
  changes its colours
  red in winter
  yellow in summer
 otherwise white
Please give me a magic ball
for Christmas.

Magic ball,
  touches hearts
  that the good outweighs
  all become human
  that the good outweighs
  that the fears go away
Please give me a magic ball
for Christmas.

Augsburg on Christmas Eve 2022

Magic ball,
　My love for you is endless
　like a grain of sand in the desert
　like a rain drop in the rain
　like a spark in the fire
　I hold this magic ball
　in both my hands
Please give me a magic ball
for Christmas.

Augsburg on Christmas Eve 2022

Sieben Schritte "genau im richtigen Zeitpunkt"

Sieben Schritte "Just im Moment"
Sieben Schritte "genau im richtigen Zeitpunkt".

Der erste Schritt
 Deine Ausstrahlung
 bringt die Sterne im Dunkeln zu leuchten.

Der zweite Schritt
 Dein Lächeln
 bringt den Himmel auf Erden.

Der dritte Schritt
 Deine Herzenswärme
 lässt das kleines zartes Pflänzchen der Liebe wachsen.

Der vierte Schritt
 Deine wahrhaftige Freude
 bringt alle neun Planeten in Bann zu halten.

Der fünfte Schritt
 Deine ruhige Art
 bringt den Körper und Geist im Einklang.

Der sechste Schritt
 Deine Willenskraft
 bringt uns die Freude und das Leiden zu teilen.

Der siebente Schritt
  Deine Liebe
  hält die Unendlichkeit ein Moment stille.

Sieben Schritte "Just im Moment"
Sieben Schritte "genau im richtigen Zeitpunkt".

Die Idee basiert auf ein hinduistisches Ritual, indem das
Paar siebenmal in sieben Schritten um das heilige Feuer
läuft.

Seven steps "Just in the right moment"

Seven steps "Just in the moment"
Seven steps "just in time".

The first step
  your charisma
  makes the stars shine in the dark.

The second step
  your smile
  brings heaven on earth.

The third step
  your warmth of heart
  makes the small tender plant of love grow.

The fourth step
  your true joy
  brings all nine planets under its spell.

The fifth step
  your calm nature
  brings the body and mind in harmony.

The sixth step
  your willpower
  brings us to share the joy and the suffering.

The seventh step
  your love
  keeps infinity still for a moment.

Seven steps "just in the moment"
Seven steps "just in time".

The idea is based on a Hindu ritual of the couple walking
seven times in seven steps around the sacred fire.

Lass uns wieder Zusammenfinden

Lass uns wieder dorthin gehen,
  wo wir den Regenbogen fanden
Ich sehne mich so nach Dir.

Lass uns wieder dorthin gehen,
  wo die Flüsse in das Meer verschmelzen
Ich sehne mich so nach Dir.

Lass uns wieder dorthin gehen,
  wo der Himmel die Erde leidenschaftlich umarmt
Ich sehne mich so nach Dir.

Ich sehne mich so nach Dir
  Lass uns wieder zusammenfinden.

Augsburg, am 21.08.2023 um 19:00 Uhr

Let's get back together

Let's go back to the place
  Where we found the rainbow
I long for you so.

Let's go there again
  where the rivers merge into the sea
I long for you so.

Let's go there again
  where the sky embraces the earth passionately
I long for you so.

I long for you so
  Let us find each other again.

Augsburg, on 21.08.2023 at 07:00 p.m.

Zufallstheorie

Unzählige Menschen auf der Welt
  zwei davon finden sich zusammen
  sie sagen einander "Ich liebe Dich"
  Der eine bist Du, der andere bin ich.

Unzählige Sterne in der Milchstrasse
  zwei davon finden sich zusammen
  sie sagen einander "Ich liebe Dich"
  Der eine bist Du, der andere bin ich.

Unzählige einsame Seelen wandern herum
  zwei davon finden sich zusammen
  sie sagen einander "Ich liebe Dich"
  Der eine bist Du, der andere bin ich.

Unzählige Theorien
  eine davon Zufallstheorie
  kleine Ursache, aber große Wirkung
  das Glück steht auf unserer Seite.

Augsburg am 24.08.2023, um 10:00

Random Theory

Countless people in the world
  two of them come together
  they tell each other "I love you"
  One is you, the other is me.

Countless stars in the Milky Way
  two of them come together
  they tell each other "I love you"
  One is you, the other is me.

Countless lonely souls wandering around
  two of them come together
  they tell each other "I love you"
  One is you, the other is me.

Countless theories
  one of them random theory
  small cause but big effect
  luck is on our side.

Augsburg on August 24th, 2023, at 10:00 a.m.

Größtes Geschenk von William Butler Yeats

Ich würde die Tücher unter deinen Füßen ausbreiten:
Aber da ich arm bin, habe ich nur meine Träume;
Ich habe meine Träume unter deinen Füßen ausgebreitet;
Trete sanft, denn du trittst auf meinen Träumen.

Mein Geschenk
Kein roter Teppich
Auch im Bett gibt es keine Rosen
Ich habe auch nur meine Träume
Ich breite meine Träume unter deinen Füßen aus
Bitte nimm diese Opfergabe von mir an.

William Butler Yeats (13. Juni 1865 – 28. Januar 1939)
war ein irischer Dichter, Dramatiker, Schriftsteller und
Politiker. Eine der bedeutendsten Figuren der Literatur
des 20. Jahrhunderts.

Die ursprünglichen Themen lassen sich auf die Poesie
von John Keats zurückführen. John Keats war der größte
Romantiker des Mittelalters. Er war arm. Seine große
Liebe war Fanny Brawne.

Augsburg, am 29. August 2023 um 12:30 Uhr

Greatest Gift by William Butler Yeats

I would spread the cloths under your feet:
But I, being poor, have only my dreams;
I have spread my dreams under your feet;
Tread softly because you tread on my dreams.

My Gift
No red carpet
no roses in bed either
I only have my dreams too
I spread my dreams under your feet
Please accept this offering of mine.

William Butler Yeats (13 June 1865 – 28 January 1939)
was an Irish poet, dramatist, writer, and politician. One of
the foremost figures of 20th-century literature.

The original themes can be traced back to the poetry of
John Keats. John Keats was the greatest Romantics of
middle age. He was poor. His great love was Fanny
Brawne.

Augsburg, on August 29, 2023 at 12:30 p.m.

Die Ignoranz der Liebe

Sag nicht,
  "Ich liebe Dich nicht mehr".

Sag auch nicht,
  "Ich hasse Dich doch nicht",
denn das Gegenteil von Liebe
  ist Ignoranz und nicht Haß.

Ignoriere mich einfach
Aber sag nicht,
  "Ich liebe Dich nicht mehr".

Mumbai am 07.08.2023 um 12:00 Uhr.

The ignorance of love

Don't say
  "I don't love you anymore".

Don't say either
  "I don't hate you"
'cause the opposite of love
  is ignorance and not hate.

Just ignore me
but don't say
  I don't love you anymore".

Mumbai on 08/07/2023 at 12:00 p.m.

In jedem Neuanfang liegt eine Ewigkeit

Wenn die Mutter hält und füttert
  ihr neugeborenes Kind zum ersten Mal
  die Geburtswehen sind vergessen für beide
denn
  In jedem Neuanfang liegt eine Ewigkeit.

Wenn die Tigermutter leckt und füttert
  ihr neugeborenes Baby zum ersten Mal
  die Geburtswehen sind vergessen für beide
denn
In jedem Neuanfang liegt eine Ewigkeit.

Wenn ein Vogelküken aus dem Ei schlüpft,
  blickt Ihre Mutter zum ersten Mal
  großer Zusammenkunft und neue Liebe für beide
denn
In jedem Neuanfang liegt eine Ewigkeit.

Als wir uns zum ersten Mal in den Armen hielten
  eine ewige Liebe wurde geboren
  ein neues Leben begann für beide
denn
In jedem Neuanfang liegt eine Ewigkeit.

Mumbai, am 27.09.2023 um 17:30 Uhr

There is an Eternity in each new beginning

When the mother holds and feeds
  her newly born infant first time
  the pains of birth are forgotten for both
'cause
  there is an Eternity in each new beginning.

When the tiger mother leaks and feeds
  her newly born infant first time
  the pains of birth are forgotten for both
'cause
there is an Eternity in each new beginning.

When a baby bird hatches from the egg,
  sees its mother first time
  Great confluence and new love for both
'cause
there is an Eternity in each new beginning.

When we held each other in arms first time
  an eternal Love is born
  a new life began for both
'cause
there is an Eternity in each new beginning

Mumbai, on 27.09.2023 at 07:30 p.m.

Im Antlitz Gottes sehe ich die Liebe zu Dir

Am liebsten heulen die Wölfe,
   wenn es Vollmond ist,
   um miteinander zu kommunizieren.
Sie legen den Kopf in den Nacken
   und schauen den Mond an.

Am liebsten fliegen die Vögel höher,
   wenn es Vollmond ist,
   um dem Himmel nah zu sein.
Sie fangen an, früher zu singen
   und umkreisen den Mond.

Am liebsten schlagen die Meere höhere Wellen,
   wenn es Vollmond ist,
   um die Braut Erde zu umarmen.
Sie türmen die Flutberge
   und verursachen hohe Flut.

Am liebsten bin ich mit Gefühlen überwältigt,
   wenn es Vollmond ist.
Ich schau mir den Mond an
   und sehe Dein Antlitz,
   das Antlitz Gottes.

Am liebsten umfasse ich Dich mit beiden Händen,
   wenn es Supermond ist.
Wie der Dichter Victor Hugo sehe auch ich dann
   "In der Liebe das Antlitz Gottes"
   Ich liebe Dich dann noch mehr.

Victor Hugo (26.02.1802 - 22. 05.1885) war ein sehr
bekannter französischer Dichter und Politiker. Sein u. a.
bekanntes Werk: "Le miserables" (Die Elenden).

Mumbai, am 15.09.2023 um 11:00 Uhr.

In the face of God I see love for you

Wolves love to howl,
  when it's full moon,
  To communicate with each other.
They tilt their head back
  and look at the moon.

Birds prefer to fly higher,
  when it's full moon,
  to be close to heaven.
They start singing earlier
  and orbit the moon.

The seas prefer to make higher waves,
  when it's full moon,
  to embrace the bride earth.
They pile up the Flood Mountains
  and cause high Tides.

I prefer to be overwhelmed with feelings,
  when it is a full moon.
I look at the moon
  and see your face,
  the face of God.

I prefer to hold you with both hands,
  when it's a super moon.
Like the poet Victor Hugo, I too see it
  "In love the face of God"
  I'll love you then even more.

Victor Hugo (February 26, 1802 - May 22, 1885) was a
very well-known French poet and politician. His eternal
well-known work: "Les Misérables" (The Miserables).

Mumbai, on September 15, 2023 at 11:00 a.m.

Garten der Liebe

Endlich fand ich nun
den Garten der Liebe,
  mit einem Schloß,
  einer Wasserfontäne,
  Bäumen und Wiese.
Ja, ich habe es gefunden.
Aber: das Tor war zu:
"Eintritt verboten!!"

Adaptiert von William Blake

Augsburg, am 18.01.2023 um 20:30 Uhr

Garden of Love

I finally found it now
the garden of love
  with a castle,
  a water fountain,
  Trees and a meadow
Yes I found it.
But: the gate was closed:
"Entry forbidden!!"

Adapted from William Blake

Augsburg, on January 18, 2023 at 8:30 p.m.

Benni's Gedicht

Die Tage sind kürzer
Die Nächte kälter
Die Bäume werfen Blätter.
Ich sammele bunte Blätter
Rotte Blätter, gelbe Blätter.

Dann klebe ich alle Blätter
auf Gedichts Blätter.
Das schenke ich meiner lieben Mutter.

Benni

Kreiert von Benni am 07.11.2023

Benni's poem

The days are shorter
the nights are colder
the trees shed leaves
I collect colourful leaves
Red leaves, yellow leaves.

Then I paste all the leaves
on my poem sheets.
I give this to my dear mother.

Benni

Created by Benni on November 7th, 2023

Weihnachten 2023

Am Heiligen Abend suchten wir
  den Weihnachtsmann.

Im Winterwalde aber fanden wir
  einen Schneemann.

Eine Kerze zündeten wir an
  in seinem Arm.

Glocken läuteten ein
  die Weihnacht
So zelebrierten wir Weihnachten
  gemeinsam mit dem Schneemann.

Augsburg am Heiligen Abend 2023

Christmas 2023

On Christmas Eve we searched
   Santa Claus.

But in the winter forest we found
   a Snowman.

We lit a candle
   in his arm
Bells ushered
   the Christmas
this is how we celebrated Christmas
   together with the Snowman.

Augsburg on Christmas Eve 2023

Ein bunter Vogel

Ein kleiner bunter Vogel
  mit rotem Schnabel
  sitzt im Baum
  bewegt sich kaum.

Ein kleiner bunter Vogel
  schaut in den Himmel
  "Danke Gott:
    hast mich so schön gemacht".

Ich schaue in den Himmel, sage:
  "Ich möchte gern ein bunter Vogel sein,
   der sich wiegt, so hoch im Wind,
   im Sonnenschein".

"El Condor Pasa" (Ich möchte gern ein bunter Vogel sein) war ein Lied von Monika Hauff & Klaus-Dieter Henkler. Das Lied drückt den Wunsch aus, frei und unabhängig zu sein.

Augsburg, am 01.02.2024 um 07:00 Uhr.

A colourful bird

A small colourful bird
  with red beak
  sits in the tree
  hardly free.

A small colourful bird
  looks at the sky
  "Thank you God:
    you made me so beautiful".

I look at the sky and say:
  "I would like to be a colourful bird
    that sways so high in the wind,
    in the sunshine".

"El Condor Pasa" (I would like to be a colourful bird)
was a song by Monika Hauff & Klaus-Dieter Henkler.
The song expresses the desire to be free and independent.

Augsburg, on February 1st, 2024 at 7:00 a.m.

Zerstöre nichts

Einer kleinen Blume auf dem Trampelpfad
 ist es egal,
 ob Du sie magst oder nicht.
Bitte zertrample sie nicht,
 eines Tages kannst Du auch
 von einem Stärkeren zertrampelt werden.

Einem kleinen Mädchen
 ist aber nicht egal,
 ob Du sie magst oder nicht.
Bitte beschütze sie trotzdem
 bring sie sicher nach Hause
 wie eine kleine Blume.

Finde
 ein Mädchen, das Dich liebt
 einen Freund, der Dir stets halt gibt.
Bitte merke
 niemand und nichts
 sollte uns gleichgültig sein.

Augsburg, am 04.02.2024

Destroy nothing

A small flower on the trail
  it does not matter,
  whether you like it or not.
Please don't trample it,
  one day you may too
  be trampled by someone stronger.

A little girl
  it doesn't matter her,
  whether you like it or not.
Please protect her anyway
  bring her home safely
  like a little flower.

Find,
  a girl that loves you
  a friend who always supports you.
Please note
  nobody and nothing
  should we be indifferent.

Augsburg, on February 4th, 2024

Sieben an der Zahl

Wir, Geschwister,
waren sieben an der Zahl
arm und hilflos
dem Schicksal überlassen.

Die Pflastersteine
auf denen Du läufst
habe ich eigenhändig
in Jaipur geklopft.

Der Teppich
auf dem Dein Hund sitzt
hat meine Schwester
in Indore geknüpft.

Das Seidenkleid
das Du trägst
hat meine blinde Mutter
im Dunkeln genäht.

Meine kleinste Schwester
triffst Du in Mumbai
auf der Straße
beim Betteln.

Meine zwei Zwillingsbrüder
sind Hausierer
und verkaufen Gemüse
frisch und sehr preiswert.

Ja wir fünf
haben irgendwie
das Elend des Lebens
doch noch überlebt.

… und die Anderen zwei?
sind heute bei Gott
vor dem Elend des Lebens
schützt sie nun der liebe Gott …

Überarbeitet in Augsburg, am 16.02.2024 um 19:30 Uhr

Seven in number

We, brothers and sisters,
were seven in number
poor and helpless
just left to our fate.

The paving stones
that you walk on
I have knocked them
myself in Jaipur.

The carpet
that your dog sits on
my sister has knotted
it in Indore.

The silk dress
that you wear
my blind mother has
sewn it in the dark.

My youngest sister
you meet her in Mumbai
while begging
on the street.

My two twin brothers
 are peddler
 and sell vegetables
 fresh and very cheap.

Yes, the five of us
have somehow
still survived
the misery of life.

...and the other two?
Are today with God
God protects them now
before the misery of life

Revised in Augsburg, on February 16, 2024 at 7:30 p.m.

Eine glänzende Zukunft

Die High-Society in Mumbai
  holten sich einen armen jungen
  aus einem Dorf.

Der Mutter versprachen sie,
  dein Junge wird bei uns in die Schule gehen,
  dein Junge wird bei uns eine rosige Zukunft haben.

Die Mutter mit Tränen in den Augen,
  trennte sich von ihrem Sohn -
  für läppische fünfundzwanzig Rupien.

Der kleine Junge
  arbeitete hart - Tag und Nacht -
  eine Schule sah er auch nie.

Der kleine Junge
  hatte nicht mal Zeit zum Weinen,
  das war leider sein Schicksal

Augsburg, am 03.03.2024 um 16:00 Uhr.

A bright future

High society in Mumbai
  picked up a poor boy
  from a village.

They promised his mother
  your son would go to school with us
  your son will have a bright future with us.

The mother with tears in her eyes
  separated from her son
  just for twenty-five rupees.

The little boy
  had to work hard day and night
  he never saw a school either.

The little boy
  didn't have even time to cry
  that was just his fate.

Augsburg, on March 3rd, 2024 at 4:00 p.m.

Absurdität des menschlichen Daseins

Wie der gefallene Engel,
  der jeden Morgen einen Stein rollt
  bergauf und wieder bergrunter
  so verrichten wir tagtäglich
  das Gleiche,
  ohne zu wissen warum.

Wie Vladimir und Estragon,
  die jeden Tag auf Godot warten,
  vergeblich und aussichtslos.
  Godot, den sie nicht kennen.
  Auch wir warten tagtäglich
  auf irgendwas, ohne zu wissen warum.

Wie Samuel Beckett sagt:
  Immer versucht, immer gescheitert -
  egal, versuch's es wieder
  scheitere erneut, scheitere besser.
  Frage nie: „Gibt es Leben nach dem Tod,
  sondern gibt es Leben nach der Geburt".

Soren Aabye Kierkegaard,
  ein dänischer Philosoph
  hat wohl recht:
  Das Leben wird
  vorwärts gelebt,
  aber rückwärts verstanden.

Die Moral:
 Das Erkennen der Absurdität
 des menschlichen Daseins,
 sich Hoffnung geben,
 letztlich kämpfen und
 einen Sinn darin zu finden.

Diese Erkenntnisse basieren auf Samuel Becketts, ein irischer Autor, "Theater des Absurden: Warten auf Godot".

Augsburg, am 14.02.2024 um 19:30 Uhr.

Absurdity of human existence

Like the fallen Angel,
  who rolls a rock every morning
  uphill and downhill again and again
  this is what we do every day
  the same,
  without knowing why.

Like Vladimir and Tarragon,
  who wait for Godot every day,
  futile and hopeless.
  Godot, whom they don't know.
  We too wait every day
  on something without knowing why.

As Samuel Beckett says:
  Always tried, always failed -
  whatever, try again
  fail again, fail better.
  Never ask, "Is there life after death,"
  "but is there a life after birth?"

Soren Aabye Kierkegaard,
  a Danish philosopher
  is probably right:
  Life is
  lived forward,
  but understood backwards.

The moral:
  Recognizing the absurdity
   of human existence,
  give yourself hope,
   ultimately fight and
  to find a meaning in it.

These findings are based on Samuel Beckett's, an Irish author, "Theatre of the Absurd: Waiting for Godot".

Augsburg, on February 14, 2024 at 7:30 p.m.

Hätte ich nur einen Tag mehr...

Meine Mutter gab mir stets das Gefühl
  ich durfte nur "ICH" sein.
Meine Liebste
  zeigte mir, was ewige Liebe ist.
Mein Freund
  war immer für mich da und gab mir Zuversicht.
Mein Schöpfer
  zeigte mir den Weg auf, ein guter Mensch zu sein.
Hätte ich nun doch nur einen Tag mehr zum Leben....

Hätte ich doch nur einen Tag mehr zum Leben....
Einen Teil davon würde ich mit meiner Mama.
  als "meine Mama" wieder erleben.
Einen Teil davon würde ich mit meiner Liebe
  als "meine Liebste" wieder erleben.
Einen Teil davon würde ich mit meinem Freund
  als "ein Herz und Seele" wieder erleben.
Den letzten Teil würde ich meinen Schöpfer
  als "mein ewiger Begleiter" wieder erleben.

Hätte ich doch nur einen Tag mehr zum Leben
  würde ich nur mit meiner Mama verbringen,
  würde ich nur mit meiner Liebsten verbringen,
  würde ich mit nur meinem Freund verbringen,
  würde ich meinen Schöpfer ewig danken.

Und meinen Schöpfer bitten
  von ihm begleitet zu werden,
  diese Erde und das Leben zu verlassen,
  und die ewige Ruhe zu finden.

Überarbeitet in Augsburg, am 03.03.2024 um 14:00 Uhr.

If only I had one more day...

My mother always made me feel that way
  I was only allowed to be "ME".
My love
  showed me what eternal love is.
My friend
  was always there for me and gave me confidence.
My creator
  showed me the way to be a good person.
If only I had one more day to live...

If only I had one more day to live...
I would share part of it with my mom.
  as "my mom" again.
I would share part of it with my love
  as "my love" again.
I would share part of it with my boyfriend
  experience again as "one heart and soul".
The last part I would give my creator
  experience again as "my eternal companion".

If only I had one more day to live
  I would just spend with my mom,
  I would only spend time with my loved one,
  I would spend with just my friend,
  I would thank my creator forever.

And ask my Creator
  to be accompanied by him,
  to leave this earth and life,
  and find eternal rest.

Revised in Augsburg, on March 3, 2024 at 2:00 p.m.

Lest Ihr meine Gedichte

Lest Ihr meine Gedichte
werdet Ihr seufzen und sagen:
  "Was für arme Seele,
  was für wehmutige Seele,
   so viel Schmerz - Tag und Nacht".

Lest Ihr meine Gedichte
werdet Ihr wissen:
  "Meine Liebe,
   geboren in Engels Händen,
   verweilt auf blühender Erde".

Lest Ihr meine Gedichte
werdet Ihr wissen:
   Was Liebe auf Erden ist,
   was ewige Liebe ist und
   was göttliche Liebe ist".

Lest Ihr meine Gedichte,
dann
   werdet Ihr mich beneiden!

Augsburg am 11.09.2023 um 22:30 Uhr.

When you read my poems

When you read my poems,
you will sigh and say:
  "What poor soul,
  what a sad soul
  so much pain - day and night".

When you read my poems,
you will know:
  "My love,
  born in angel's hands,
  dwells on blossoming earth".

When you read my poems,
you will know:
  What love is on earth
  what eternal love is and
  what divine love is".

When you read my poems
then
  you will envy me!

Augsburg on September 11th, 2023 at 10:30 p.m.

Annabel Lee von Edgar Allan Poe

Die Liebe zwischen dem Dichter und Annabel Lee mag zwar nur von kurzer Dauer sein, aber sie bleibt zu mächtig, als dass sie selbst durch den Tod besiegt werden könnte. Durch die Beschreibung dieser stark idealisierten Liebe argumentiert das Gedicht, dass Liebe die stärkste Kraft auf Erden ist. Edgar Allan Poe hat den Tod seiner Frau nie überwunden.

Es ist lange her, da lebte am Meer,
  Ich sag euch nicht wo und wie -
Ein Mägdelein zart, von seltener Art,
  Mit Namen Annabel Lee.
Und das Mägdelein lebte für mich allein,
  Und ich lebte allein für sie.

Ich war ein Kind, und sie war ein Kind,
  Meine süße Annabel Lee,
Doch eine Liebe, so groß, so grenzenlos,
  Wie die unsere, gab es nie.
Wir liebten uns so, daß die Engel darob
  Beneideten mich und sie.

Da kam eines Tags aus den Wolken stracks
  Ein Ungewitter und spie
Seinen Geifer aus, einen Höllengraus,
  Und traf meine Annabel Lee.
  Und es kam ein hochgeborener Lord,
Der holte auf immer sie von mir fort
  In sein Reich am Meer und sperrte sie
Dort ein, meine Annabel Lee.

Ja, neidisch war die geflügelte Schar
  Im Himmel auf mich und sie,
Und dies war der Grund, daß der Höllenmund
  Des Sturms sein Verderben spie,
  Bis sie erstarrte,
  Und der Tod sie verscharrte,
Meine süße Annabel Lee.

Doch eine Liebe, so groß, so grenzenlos,
  Wie die unsere, gab es nie.
So liebten Ältere nie,
  So liebten Weisere nie,
Und wären die Engel auch noch so scheel,
  Sie trennten doch nicht meine Seel' von der Seel'
Der lieblichen Annabel Lee.

Wenn die Sterne aufgehn, so kann ich drin sehn
  Die Äuglein der Annabel Lee,
Und noch jegliche Nacht hat mir Träume gebracht
  Von der lieblichen Annabel Lee.
So ruh' ich denn, bis der Morgen graut,
  Allnächtlich bei meinem Liebchen traut
In des schäumenden Grabes Näh',
  An der See, an der brandenden See.

Annabel Lee by Edgar Allan Poe

The love between the poet and Annabel Lee may have
been short-lived, but it remains too powerful to be
defeated, even by death. Through describing this
intensely idealized love, the poem argues that love is the
strongest force on earth. Edgar Allan Poe never got over
the death of his wife.

It was many and many a year ago,
  In a kingdom by the sea,
That a maiden there lived whom you may know
  By the name of Annabel Lee;
And this maiden she lived with no other thought
  Than to love and be loved by me.

I was a child and she was a child,
  In this kingdom by the sea,
But we loved with a love that was more than love—
  I and my Annabel Lee—
With a love that the wingèd seraphs of Heaven
  Coveted her and me.

And this was the reason that, long ago,
  In this kingdom by the sea,
A wind blew out of a cloud, chilling
  My beautiful Annabel Lee;
So that her highborn kinsmen came
  And bore her away from me,
To shut her up in a sepulchre
  In this kingdom by the sea.

The angels, not half so happy in Heaven,
  Went envying her and me—
Yes!—that was the reason (as all men know,
  In this kingdom by the sea)
That the wind came out of the cloud by night,
  Chilling and killing my Annabel Lee.

But our love it was stronger by far than the love
  Of those who were older than we—
  Of many far wiser than we—
And neither the angels in Heaven above
  Nor the demons down under the sea
Can ever dissever my soul from the soul
  Of the beautiful Annabel Lee;

For the moon never beams, without bringing me dreams
  Of the beautiful Annabel Lee;
And the stars never rise, but I feel the bright eyes
  Of the beautiful Annabel Lee;
And so, all the night-tide, I lie down by the side
  Of my darling—my darling—my life and my bride,
  In her sepulchre there by the sea—
  In her tomb by the sounding sea.

Sonnet 116 (WILLIAM SHAKESPEARE) einfach erklärt

Dem festen Bund getreuer Herzen soll
Kein Hindernis erstehn: Lieb' ist nicht Liebe,
Die, in der Zeiten Wechsel wechselvoll,
Unwandelbar nicht stets im Wandel bliebe.
Ein Zeichen ist sie fest und unverrückt,
Das unbewegt auf Sturm und Wellen schaut,
Der Stern, zu dem der irre Schiffer blickt,
Des Wert sich keinem Höhenmaß vertraut.
Kein Narr der Zeit ist Liebe! Ob gebrochen
Der Jugend Blüte fällt im Sensenschlag,
Die Liebe wankt mit Stunden nicht und Wochen,
Nein, dauert aus bis zu dem Jüngsten Tag!
Kann dies als Irrtum mir gedeutet werden,
So schrieb ich nie, ward nie geliebt auf Erden!

Liebe ändert sich nie, auch wenn es dazu Gelegenheiten gibt.
Liebe überwindet alle Hindernisse.
Liebe ist der feste Polarstern, der den verlorenen Schiffen in Sturm den Weg zeigt.
Du hast dich verliebt, in ein junges Mädchen mit Rosalippen und Rosawangen.
Aber jetzt auch die Falten im Gesicht kann die Liebe nicht ändern.
wenn jemand beweise, dies sei ein Irrtum, so schreibe ich nie und niemand hat jemals geliebt, auf Erden.

Erklärt am 01.02.2024 um 19:00

Sonnet 116 (WILLIAM SHAKESPEARE) simply explained

Let me not to the marriage of true minds
Admit impediments; love is not love
Which alters when it alteration finds,
Or bends with the remover to remove.
O no, it is an ever-fixèd mark
That looks on tempests and is never shaken;
It is the star to every wand'ring bark
Whose worth's unknown, although his height be taken.
Love's not time's fool, though rosy lips and cheeks
Within his bending sickle's compass come.
Love alters not with his brief hours and weeks,
But bears it out even to the edge of doom:
If this be error and upon me proved,
I never writ, nor no man ever loved.

Love never changes, even when there are opportunities.
Love overcomes all obstacles.
Love is the solid pole star that shows the way to lost ships in storms.
You fell in love with a young girl with pink lips and pink cheeks.
But now even the wrinkles on your face can't change the love.
If anyone proves this to be a mistake, I will never write and no one has ever loved on earth.

Explained on February 1, 2024 at 7:00 p.m.

Versen von Dnyaneshwar

Dnyaneshwar war ein indischer Dichter, Religionsphilosoph und Yogi aus dem Bundesstatt Maharashtra. Einigen Versen von ihm:

- Tat tvam asi (Das bist Du)
  Erkenne Dein Selbst und das ganze Universum wird Dein sein, denn Du bist das Universum
- Mögen alle Wesen in diesem Universum Gottessegen erfahren
- Mögen alle Wesen in diesem Universum glücklich sein und mögen alle ihre Wünsche in Erfüllung gehen
- Mögen alle Wesen in diesem Universum miteinander in Harmonie leben
- Om Shanti Om (Mantra des Friedens)
  Shanti heißt Frieden. Es wird dreimal widerholt:
    - Das erste Shanti ist für den persönlichen, inneren Frieden.
    - Das zweite stiftet Frieden in persönlichen Beziehungen, im Freundeskreis und der Familie.
    - Das dritte Shanti gilt dem Frieden dem ganzen Welt.

Das ist wie bei einem ins Wasser fallender Stein. Die Schwingung von Shanti dehnt sich kreisförmig aus und umhüllt die Erde